APPRÉCIATION

TOUCHANT

L'HISTOIRE

DES

PAUVRES CLARISSES ANGLAISES

DE GRAVELINES

DE M. RAYMOND DE BERTRAND,

PAR

l'abbé Adolphe **BLOEME**,

CURÉ DE ROQUETOIRE,

Membre du Comité flamand de France et de la Société dunkerquoise pour l'encouragement des Sciences, des Lettres et des Arts.

SAINT-OMER

IMPRIMERIE DE FLEURY-LEMAIRE.

1858.

PAUVRES

CLARISSES ANGLAISES

DE

GRAVELINES.

APPRÉCIATION

TOUCHANT

L'HISTOIRE

DES

PAUVRES CLARISSES ANGLAISES

DE GRAVELINES

DE M. RAYMOND DE BERTRAND,

PAR

l'abbé Adolphe **BLOEME**,

CURÉ DE ROQUETOIRE,

Membre du Comité flamand de France et de la Société dunkerquoise pour l'encouragement des Sciences, des Lettres et des Arts.

SAINT-OMER.

IMPRIMERIE DE FLEURY-LEMAIRE.

1858.

PAUVRES

CLARISSES ANGLAISES

DE

GRAVELINES.

APPRÉCIATION

TOUCHANT

L'HISTOIRE

DES

PAUVRES CLARISSES ANGLAISES

DE GRAVELINES

DE M. RAYMOND DE BERTRAND,

PAR

l'abbé Adolphe **BLOEME**,

CURÉ DE ROQUETOIRE,

Membre du Comité flamand de France et de la Société dunkerquoise pour l'encouragement des Sciences, des Lettres et des Arts.

SAINT-OMER.

IMPRIMERIE DE FLEURY-LEMAIRE.

1858.

BIBLIOGRAPHIE.

HISTOIRE

DU COUVENT DES PAUVRES CLARISSES ANGLAISES

Par M. Raymond de Bertrand. (*)

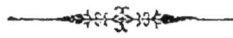

Si je devais à mon amitié pour M. de Bertrand quelques lignes de félicitations à l'occasion du livre précieux qu'il vient de faire éditer, je me crois plus fortement engagé par l'amour de la ville natale à faire connaître à des concitoyens aimés l'apparition d'une histoire qui révèle au jour de la publicité des choses

(*) Dunkerque, typographie de Benjamin Kien.

honorables à plus d'un titre pour la cité audomaroise. Cette révélation sera partout agréable, je l'espère ; surtout à ceux qui s'occupent avec un zèle persévérant et glorieux des souvenirs mémorables de la Morinie.

Lorsque l'hérésie, au seizième siècle, força la religion de couvrir d'un crêpe funèbre le nom si glorieux de *l'yle des saints*, quelques pieuses colombes, fuyant la patrie, allèrent à la découverte d'un sol hospitalier où elles pussent conserver leur religion et suivre en paix les exercices de la vie monastique.

C'étaient d'humbles religieuses de Sainte Claire, auxquelles la Providence ménageait, d'abord à Saint-Omer un asile, puis l'honneur insigne de former bientôt la communauté qui porta dans ces contrées le nom de communauté des pauvres clarisses Anglaises de Gravelines.

Ce ne fut qu'après des épreuves et des dangers de divers genres que les pieuses cénobites entrevirent l'aurore de jours moins malheureux.

Ces premières consolations, elles les goûtèrent dans notre catholique cité, par la faveur de l'évêque, par le bon et charitable accueil des habitants de la ville épiscopale.

Que les voies du Très-Haut sont admirables !

Une pauvre servante s'était persuadée que Dieu lui avait donné pour mission de fonder un monastère.

Il faut croire que c'était bien en vertu d'une inspiration céleste, puisque s'étant mise en devoir de tenter l'entreprise, tout seconda ses efforts.

L'humble fille eut la consolation de voir ses vœux réalisés.

Par sa sollicitude, un monastère s'établit à Gravelines, et les hymnes qui s'élevèrent bientôt de ce lieu de bénédiction étaient inspirées par la plus vive reconnaissance; car ce monastère avait été donné aux pauvres exilées.

En 1609, vers la fin de l'année, sous leur première abbesse, on les voyait marcher courageusement dans la voie des conseils évangéliques, dans le nouvel établissement qui portait la dénomination de couvent de Nazareth des pauvres clarisses Anglaises.

Treize abbesses se succédèrent au gouvernement du monastère, pendant l'espace de deux cent vingt-neuf ans.

Ces abbesses *amenèrent après elles aux pieds du Seigneur deux cent quatre-vingt-seize pieuses et humbles femmes qui n'ambitionnaient pour récompense de leur noble sacrifice terrestre qu'un rayon de la céleste lumière réservée aux élus de Dieu;* dit admirablement M. de Bertrand.

Cette histoire est toute pleine de faits du plus haut intérêt.

Elle initie le lecteur aux pieux secrets de la vie du cloître.

Elle soulève un coin du voile des desseins de la Providence sur ceux qu'elle protège.

Les âmes le moins habituées à ces sortes d'entretiens se trouvent attachées comme par un mystérieux attrait à cette lecture.

C'est qu'en parcourant le gouvernement des abbesses de Gravelines, l'auteur fait passer sous nos yeux une succession d'actes des plus sublimes vertus.

C'est que son livre se montre à nous comme une scène animée où viennent apparaître les groupes divers de personnages bien chers à nos souvenirs....

On ne peut citer, il faut lire tout cela dans le livre même.

Esquissons rapidement :

« Gravelines, humble localité du diocèse de Saint-Omer, obtient un rayon de gloire de la présence des filles de Sainte Claire.

» Cette modeste cité devient un hâvre spirituel, où les débris du catholicisme anglais, pendant plus de deux siècles, entretiennent l'étincelle sacrée de la foi.

» Où l'élite des âmes capables d'attirer les miséricordes du Seigneur, implorent par de saintes rigueurs, par de rudes travaux, par de continuelles prières, la commisération divine pour leur patrie déplorablement engagée dans les misérables liens de l'hérésie.

» Ce modeste noyau ne tarde pas à devenir un arbre majestueux dans le patrimoine de la religion.

» Quelques tiges enlevées à ce tronc précieux vont fleurir et porter les mêmes fruits en d'autres localités.

» A Dunkerque.
» A Aire-sur-la-Lys.
» A Rouen.
» A Nieuport.
» En Irlande.

» Une lumière brille au monastère de Nazareth; c'est comme un phare d'édification.

» Non-seulement Gravelines et ses habitants bénissent les vertueuses étrangères: mais à leurs bénédictions se joignent celles de toute la contrée d'alentour.

» Bientôt les villes circonvoisines s'empressent de partager l'affectueuse estime que leur porte la ville de Saint-Omer.

» Les plus nobles personnages imitent la bienveillance des Evêques Audomarois.

» Un mayeur de la ville de Calais, et son fils, héritier de la charité de son père, dotent *leurs saintes sœurs, les pauvres Clarisses Anglaises de Gravelines*. Le cœur du dernier est déposé, par sa volonté testamentaire, dans leur pieux monastère.

» Des princes, des personnages illustres, les honorent en diverses circonstances

» Louis XIV leur accorde une pension sur sa cassette royale, elles obtiennent également de lui des franchises.

» Mais le monument le plus précieux en ce genre de faveurs est, sans contredit, un bref de consolation que ces dames reçoivent du Pape Urbain VIII. »

Qu'une courte digression à l'occasion de ce bref me soit permise.

On admire ici à la fois et la bonne odeur des vertus des pieuses Clarisses portée par la renommée jusqu'au Vatican, et la sollicitude toute paternelle du vicaire de Jésus-Christ, se dilatant admirablement pour faire parvenir jusqu'aux confins de la Morinie les bénédictions et les encouragements du père de famille à quelques pauvres filles ensevelies dans le cloître.

Voilà pour le cœur....

Voici pour l'esprit :

Ce bref de Sa Sainteté, plein d'une onction tendre et commisérative, est écrit en des termes si purs, si coulants, qu'on en savoure chaque expression comme l'arôme d'un délicieux breuvage.

Ce sont bien là les paroles pleines de miel de l'*Abeille attique* ; charmante dénomination donnée par les savants au Pape Urbain VIII.

Monsieur de Bertrand produit en son ouvrage la traduction de ce Bref qui fit dans le temps grande sensation. Mais en homme de goût, il publie le texte original afin que les érudits puissent, dans leurs loisirs, aspirer le parfum de cette fleur littéraire.

Peut-être quelqu'habile écrivain de la Société Dunkerquoise pour l'encouragement des sciences, des lettres et des arts, de la Sociétété des Antiquaires de la Morinie ou de l'Académie d'Arras, prendra plaisir, jour, à commenter ce monument de la paternelle sollicitude du sonverain Pontife envers les pauvres Clarisses Anglaises de Gravelines.

Qu'il serait beau de voir naître sous une plume inspirée, une dissertation comme ces messieurs savent en produire, touchant ce bref mémorable.

Je ne serais pas le seul certainement à applaudir à cette excursion de l'heureux écrivain dans une arène tout à la fois littéraire et historique.

En continuant la lecture de l'histoire des pauvres Clarisses de Gravelines, je ne tardai pas à entrer comme dans l'extase de la surprise.

Le lecteur quel qu'il soit éprouvera, je le pense, une semblable impression.

Nous connaissons tous Gravelines, qui de nous aurait jamais pensé qu'en ce lieu un monastère, pût, je ne dirai pas devenir florissant, mais seulement prendre naissance ?

On ne trouve guère pourtant de maison religieuse qui puisse produire une histoire de deux siècles dans laquelle viennent s'enregistrer d'aussi magnifiques résultats.

Résultats sous le rapport de la communauté en elle-même; résultats sous le rapport des fruits d'éducation qu'elle produit.

L'histoire de M. de Bertrand nous montre comment une vocation céleste amène au monastère de Nazareth une foule de demoiselles distinguées, avides de s'enrôler sous la bannière de la virginité; comment le désir de trouver pour leurs enfants une éducation solide sous le rapport de la religion et de l'instruction, détermine d'innombrables familles à y envoyer leurs filles.

Quelle Providentielle prospérité !

Sur un sol réputé malsain, aux confins du monde, quelques vierges fugitives s'en viennent poser un de ces jalons mémorables qui, de distance en distance, dans la suite des siècles, sont une manifestation des œuvres du Très-Haut. Certainement le doigt de Dieu est là...........

Mon âme était maîtrisée par cette impression. Je vis soudain dans mes pensées, passer devant moi, la sainte ombre de Thomas Becquet, le généreux athlète de la cause de l'Eglise, le grand archevêque de Cantorbéry.

Lui aussi, Anglais de nation, persécuté, fugitif, avait, sur un fragile esquif, traversé le détroit, il était venu, trois siècles auparavant, demander l'hospitalité chez les bons Gravelinois.

Je contemplais cette noble face épanouie de l'apôtre malgré l'accablement de la fatigue et de la souffrance. Il déguisait mal sa dignité sous le pauvre travestissement dont il s'était revêtu. Il épanchait son affectueuse tendresse sur les petits enfants de la famille de son hôte.

Je voyais cet hôtelier, catholique fidèle, entrer en admiration devant la sublimité du malheur; tomber lui, son épouse et toute la maison aux pieds du vénérable archevêque, tous répandant des larmes d'attendrissement et implorant la bénédiction de cette courageuse victime.

Alors le saint archevêque ne pouvant feindre davantage, après avoir rassuré les fidèles compagnons de son infortune, s'était levé, et avec un regard céleste, les bras paternellement étendus, il bénissait cette famille agenouillée, il appelait sur le sol hospitalier les faveurs divines, puis abandonné aux desseins de la Providence, il confiait son sort et celui de ses compagnons à la bonne foi de ses hôtes.....

Cet acte de charité chez les Gravelinois ne serait-il point par hasard la cause de ce cachet providentiel dans l'œuvre des Clarisses?,.. Ne peut-on point dire à cette ville privilégiée :

« Gravelines, l'oint du Seigneur a trouvé chez toi
» un asile; ta douce hospitalité n'a point fait défaut
» à celui dont les pervers mettaient la tête à prix. Tu
» as méprisé les promesses des méchants pour embrasser dans ta charité une humble victime. Sans
» doute le ciel a souri, car le martyr a prié pour toi,
» ses bénédictions retomberont en rosée divine; on
» redira dans les fastes de l'histoire les merveilles
» opérées dans ton sein. »

L'histoire de M. de Bertrand est comme le monument qui vient prouver que l'œuvre des Clarisses appartient à l'ordre des récompenses réservées par le ciel aux sociétés parmi lesquelles s'opèrent la miséricorde et la justice.

Voilà ce que déroulent sous nos yeux les pages sereines de l'histoire de ces anges terrestres qui firent deux siècles durant l'ornement du sol hospitalier de notre belle Flandre.

Reprenons l'esquisse des sujets que continue de traiter l'écrivain.

« Le monastère de Gravelines, séjour de bénédiction, possède bientôt ce qui obtient l'admiration de tous les hommes. Beauté, naissance, talents, vertus.

» Les humbles nonnes de Gravelines sont ce que la société possède de plus remarquable parmi les gracieuses filles d'Albion. Mais elles ont voilé les grâces dont les avait ornées la nature, ne voulant plaire qu'au divin époux de leurs âmes.

» Les humbles nonnes de Gravelines, pour la plupart, portaient dans le monde un nom inscrit avec honneur dans les tables nobiliaires de l'Angleterre. Elles lui ont substitué celui reçu en religion, contentes de prier dans l'obscurité en faveur de leurs frères de sang et de nation, conjurant le ciel d'ôter de dessus leur infortunée patrie le misérable bandeau de l'hérésie.

» Les humbles nonnes de Gravelines, généralement douées d'une intelligence rare, avaient toutes reçues une brillante instruction, elles se servirent des ornements de leur esprit cultivé pour embellir de ces aimables fleurs les cœurs des jeunes filles de la cité compatissante qui leur avait octroyé avec tant d'amour le droit de bourgeoisie.

» La sympathie la plus grande entre ces saintes filles et l'élite du pays s'engage insensiblement; à la jouissance du lecteur.

» On voit ces liens sympathiques se resserrer d'époque en époque et devenir tellement étroits que l'intérêt des pauvres Clarisses n'est autre que l'intérêt même de tous les Gravelinois.

» Dieu couronne cette sainte alliance par un de ces sublimes dévouements qui suffit pour faire inscrire un nom dans une auréole de gloire.

» Les nobles actions d'un honorable Gravelinois viennent s'encadrer tout naturellement en l'histoire des pauvres Clarisses et offrir aux générations ce que peuvent le zèle et l'habileté chez un administrateur, homme de bien.

« Les Clarisses Anglaises avaient confié l'administration de leur temporel à un habitant de Gravelines dont elles connaissaient la belle réputation. Une grande aptitude aux affaires, des procédés pleins de loyauté lui *concilièrent* bientôt de la part de ces dames *une confiance illimitée.*

» Ceci se passait sous le gouvernement de la huitième abbesse. Après la mort de cette digne dame, en qualité de père temporel du monastère, M. l'administrateur assista à l'élection de la nouvelle dignitaire.

» On voit encore que l'épouse de cet administrateur *ayant reçu son éducation au couvent n'avait cessé de fréquenter assiduement ses anciennes institutrices ; qu'elle était l'amie de la nouvelle élue et l'affectionnait à l'égal d'une sœur.*

» Par ce concours de circonstances, nous comprenons avec M. de Bertrand l'inaltérable attachement qui se cimenta dès lors plus particulièrement entre la nouvelle abbesse, la communauté et un homme au cœur noble et dévoué.

» Cet administrateur d'élite se trouvait appelé dans les desseins providentiels à fournir une longue et belle carrière.

» Cette existence de 86 ans vient se lier par une rare fidélité à tout ce qui regarde le monastère des pauvres Clarisses. L'âme jouit en parcourant l'intéressante série des actes dévoués de cet ami vertueux. »

On sait gré à l'auteur de relater ces choses. Une telle amitié est si rare qu'on peut féliciter M. de Bertrand de les consigner avec complaisance. Une analyse, même succincte, nous conduirait trop loin.

J'en aurai dit assez pour engager les amateurs du beau à parcourir les fastes du monastère de Nazareth, en indiquant seulement le fait particulier résumant à lui seul la fidèle ardeur et toute l'habileté du citoyen Gravelinois.

Que notre belle Flandre se réjouisse et s'en glorifie!

« La tempête révolutionnaire, en bouleversant notre patrie, avait aussi enlevé sur sa lame furieuse les saintes filles du monastère de Gravelines.

» Cette ville fournit comme les autres à l'histoire de ces temps lamentables ses épisodes dont les souvenirs arrachent des larmes.

» Grâce à leur nationalité, les pauvres Clarisses purent lutter quelque temps contre l'orage, offrir même chez elles un asile à des consœurs plus malheureuses.

» Mais à l'heure où la loi n'est plus respectée, où le caprice de l'homme avide et sanguinaire peut à chaque instant prévaloir, les pieuses filles de Ste-Claire comprirent que la prudence leur commandait une sage émigration.

» Guidées par des conseils dont l'habileté laisse facilement entrevoir la source, elles font à la municipalité une déclaration (modèle dans ce genre) par laquelle annonçant *l'intention de revenir dans cette ville après la guerre... Elles déclarent ne renoncer à aucun des droits ou titres qu'elles peuvent avoir acquis ou mérités par leur longue résidence dans cette commune.*

» Les municipaux rendirent quelques honneurs civiques à la déclaration des Clarisses, et voulant répondre en termes généreux aux nobles paroles des saintes filles, ils les apostillèrent de la déclaration suivante : « *Vu par nous officiers municipaux de la commune de Gravelines, l'exposé des ci-devant religieuses Clarisses Anglaises de la ci-devant communauté établie en cette commune, leur donnons acte de leur dire et déclarations; en conséquence, déclarons que nous les verrons revenir avec plaisir en cette commune, où elles n'ont cessé de faire du bien et où elles ont toujours joui de l'affection de tous les habitants.* »

» Après de touchants adieux, entourées de toutes sortes d'égards, les pauvres Clarisses quittèrent Gravelines (29 avril 1795) s'embarquèrent à Calais à bord de navires neutres, et arrivèrent heureusement à

Londres où elles reçurent de nombreuses preuves de bienveillance et de charité.

» Accueillies par l'illustre famille de Buckingham, elles continuèrent en Angleterre leur vie religieuse comme à Gravelines.

» Celles que la mort appelait dans le sein de Dieu laissaient une parole de souvenir et de bénédiction pour le berceau de leur vocation.

» Les survivantes conservaient leur amour et leur espoir. A la mort des abbesses, après avoir épanché leurs larmes et leurs prières, elles élisaient une nouvelle supérieure, en lui souhaitant de ramener son pieux essaim en France, leur patrie adoptée. »

Tout cela forme un tableau à part. C'est un intéressant épisode de la vie d'émigration pendant la révolution Française.

Ici même quelques traits se lient avec l'histoire de France, par le rapprochement intime de ces dames avec la famille royale.

« En France, après le départ des Clarisses, les biens de leur monastère, comme ailleurs, se trouvèrent convoités; des gens avides se présentèrent pour les soumissionner.........

» Mais une main forte et courageuse arrêta, comprima cette volonté spoliatrice. Le père temporel des pauvres absentes se présenta avec une procuration en règle. Il fut si actif, si adroit, si persévérant, qu'il déjoua toutes les ruses; tous les vouloirs iniques de la cupidité.

» Rien de curieux comme cette lutte de l'habile administrateur, reparaissant sans cesse à l'heure opportune, à chaque agression, déjouant les manœuvres diverses, jusqu'à ce qu'enfin sa victoire soit complète.

» A Gravelines se produit un fait peut-être unique dans l'histoire de ce temps, la conservation des biens des pauvres Clarisses et la remise définitive de ces mêmes biens à leurs propriétaires.

» Quels faits dignes de la sérieuse méditation des praticiens qui ont à lutter contre des vouloirs iniques pour faire triompher le bon droit et la justice.

» Notre patrie vit renaître pour elle des jours plus sereins..........

....Un jour, c'était le 2 décembre 1814, les pauvres Clarisses Anglaises prirent la mer et débarquèrent à Calais. Le jour de Saint Nicolas, l'essaim religieux arriva à Gravelines.

» Ces dames reçurent le plus noble accueil.

» Voulant rendre grâces à Dieu de leur retour, elles se transportèrent immédiatement à leur église *où elles trouvèrent l'autel et les ornements du chœur aussi* en ordre que si la communauté n'avait jamais été abandonnée.

» On se disputait à l'envi l'honneur de leur faire quelque politesse. On se montrait ingénieux de soins et d'égards. Les nombreux gages de sympathie et d'attachement qu'on leur donna vinrent témoigner avec quel amour chacun s'applaudissait de cet heureux retour.

» *Au milieu de tous, le fidèle et dévoué Père temporel était au comble de l'allégresse. Il ne savait comment témoigner sa joie, exprimer ses sentiments d'affection. On eût dit qu'il revoyait ses propres enfants après une longue et douloureuse séparation.*

Avant d'arriver à la conclusion de ce compte-rendu, il convient de toucher encore sommairement les choses ravissantes qui s'encadrent en divers sites de cette histoire.

« C'est le rare talent de ces dames pour la musique.

» C'est leur instruction variée.

» C'est leur aptitude à former leurs élèves.

» On suit avec bonheur la sainte impulsion qu'elles reçoivent du clergé.

» Comment elles profitent habilement des talents de leurs aumôniers pour les seconder dans leurs publications utiles et laisser ainsi, par leur générosité, des monuments pieux et instructifs.

» L'admission des jeunes religieuses, la solennité des jubilés des anciennes professes font luire dans le monastère des jours d'une innocente allégresse, etc. »

Mais cette famille particulière, au sein de la grande famille de la société, doit comme toute autre subir ses peines, ses épreuves, ses combats. M. de Bertrand n'a garde de jeter un voile sur cette partie de l'histoire des Clarisses de Gravelines. Sa plume fidèle raconte les douleurs comme les joies du monastère. Ces récits de diverse nature ne sont pas les moins intéressants. Lorsque le cœur a subi cette impression de mélancolie inhérente au sujet, bientôt, en voyant comment une main Providentielle vient verser le baume sur la plaie qu'elle a permise, il éprouve un bien-être indéfinissable.

Le lecteur comprendra ce que je dis lorsqu'il aura lu dans le livre même les passages qui traitent de :

« La charité de l'évêque qui envoie dans un autre monastère l'abbesse usurpatrice pour faire pénitence.

» La bonté céleste qui donne à ces dames une succession d'ecclésiastiques savants, pieux et zélés pour leur direction spirituelle.

» Le terrible incendie qui consuma presque tout le

monastère, les événements qui suivirent ce malheur, l'intérêt qu'on leur porta, le bref du Pape qu'elles reçurent, etc....

» L'explosion à Gravelines du magasin à poudre. Les religieuses miraculeusement préservées.

» L'incendie de la ville de Gravelines.

» Les Sièges et Bombardements.

» Les maladies pestilentielles.

» La mort des diverses religieuses, en particulier des abbesses. »

Les inscriptions des pierres tombales ont un cachet tout particulier; à elles seules elles forment un monument remarquable.

Grâces au zèle de M. de Bertrand, toutes ces choses sont devenues le domaine de l'histoire, et chacun peut s'en édifier.

Lorsque l'épreuve de la tourmente révolutionnaire se trouve terminée par la faveur céleste, lorsqu'une réintégration admirable nous laisse espérer une nouvelle ère de succès pour ces dames, M. de Bertrand nous apprend tout-à-coup que l'heure extrême en ce monde a sonné pour cette famille monastique.

Ce qu'ont pu dans le temps leurs aînées fugitives aux jours du plus entier dénuement, celles-ci ne le pourront avec l'accueil des pontifes, avec la faveur des puissants, avec l'enthousiasme des populations, avec tout le dévouement de l'amitié, avec tout le talent supérieur de la dernière abbesse qui semble n'avoir plus de mission sur cette terre que pour donner le dernier reflet des qualités précieuses des pauvres Clarisses, apposer le sceau sur leur histoire et fournir la dernière perle à cette couronne brillante d'âmes d'élite, au caractère sublime.

Après le triomphe du retour on voit tous les beaux projets s'évanouir comme les illusions d'un songe. L'arbre est frappé de stérilité.

Les quelques fleurs de sainte vocation n'arrivent point à heureuse maturité.

L'abbesse accueille alors une sainte inspiration, elle se met en rapport avec les filles d'Angèle de Mérici, qui s'occupent en France avec bonheur de l'éducation de la jeunesse. D'un commun accord avec sa dernière consœur, elles les choisit pour héritières du patrimoine des Clarisses. Elle les appela à Gravelines, et ce fut entre leurs bras qu'elle rendit à son créateur son âme qui avait hâte de quitter sa prison mortelle, déjà en dissolution, pour aller réclamer du céleste renumérateur la récompense de ses œuvres (1838).

Maintenant que cette famille a disparu de la terre, puisse le souvenir de ses vertus demeurer à jamais attaché à Gravelines et aux lieux d'alentour.

Puissent les dames Ursulines, comme le disait d'elles le souverain pontife Pie VII, semblables aux roses du printemps, réjouir la Sainte Eglise par la très-suave odeur des vertus.

Puissent-elles à leur tour accomplir la même mission pour le bonheur des générations !....

Comme je le disais en tête de ce compte-rendu, je me suis fait un plaisir de féliciter M. de Bertrand d'avoir écrit son histoire des Pauvres Clarisses de Gravelines; dans ma conviction, tous ceux qui la liront partageront ce sentiment, ils se plairont à applaudir à ces amicales félicitations que je me faisais un devoir fraternel de lui adresser, le 17 février dernier, aussitôt après la lecture de son œuvre.

« ....Je bénis Dieu de vous avoir inspiré de coor-
» donner les éléments de cette histoire capable d'entraî-
» ner les âmes vers la religion par le bon exemple don-
» né constamment par les pieuses et austères Clarisses
» dont vous retracez les actes avec une si douce et
» si touchante simplicité. Vous faites parler leurs
» vertus. Oh ! c'est bien mieux que la sonorité des
» phrases........ »

Adolphe BLOEME,
curé de Roquetoire.

A MES SOUSCRIPTEURS.

Je prends la confiance de vous renouveler la prière de vouloir bien encourager mes publications, soit en les accueillant vous-mêmes, soit en leur ménageant bon accueil chez les personnes en situation de les apprécier ou de les utiliser pour la gloire de Dieu et l'édification du prochain.

Vous trouverez ci-après le détail des publications qu'on peut se procurer. Quelques unes commencent à s'épuiser. Je ne saurais trop engager les maisons religieuses et les personnes qui s'occupent d'éducation à se procurer un exemplaire de chaque publication ; c'est le moins qu'on qu'on puisse demander d'elles en faveur de cette œuvre entreprise dans leurs intérêts.

PUBLICATIONS DE MUSIQUE RELIGIEUSE :

Messe du Choral. . prix 3 fr. »

Tantum ergò...................... Épuisé.
Cantique de l'Immaculée Conception.. Épuisé.
Cantique à Notre-Dame-de-la-Treille.. 1 fr. »»
Cantique à Notre-Dame-de-Boulogne.. 3 fr. »»
Hymne à l'Ange Gardien............ 2 fr. 50

Diverses autres publications paraîtront à mesure des progrès de cette œuvre.

1° Ave verum.
2° Cantique du Magnificat.
3° Cantique du Regina Cœli.
4° Cantique du Sub tuum.
5° Prélude à Marie.

FRONTISPICE DE LA MESSE.

J'ai fait exécuter un très beau frontispice pour la Messe du Choral. Les personnes qui ne l'ont pas peuvent l'obtenir pour 50 centimes.

Sainte Angèle..................	prix »	60 c.
Le Forgeron peintre............	— »	50 c.
Le jeune Enfant de Chœur.......	— »	50 c.
Jeux de l'Enfance..............	— »	80 c.
Bouquet de fête	— »	40 c.
Homélie de Quasimodo..........	(Épuisé.)	
Petit écrit sur la Croix (2ᵉ édition).	— »	40 c.

S'adresser à M. BLOEME, curé de Roquétoire (Pas-de-Calais), par Aire-sur-la-Lys. — Les envois d'argent par un bon sur la poste. — On peut, pour les petites sommes, envoyer des timbres-poste.

En écrivant, affranchir et donner très-lisiblement l'adresse de destination, afin d'éviter toute erreur dans les expéditions.

Des circulaires spéciales rendent compte des divers ouvrages et des remises dont on jouit lorsqu'on demande un certain nombre d'exemplaires.

www.ingramcontent.com/pod-product-compliance
Lightning Source LLC
Chambersburg PA
CBHW061016050426
42453CB00009B/1475